BALLET
ROYAL

De la Nuict.

Diuisé en quatre Parties, ou quatre Veilles.

Et dansé par sa Majesté le 23. Feurier 1653.

A PARIS,
Par ROBERT BALLARD, seul Imprimeur du Roy
pour la Musique, demeurant ruë Sainct Iean
de Beauuais, au Mont Parnasse.

M. DC. LIII.

AVANT-PROPOS.

LE Ballet est divisé en quatre Parties, ou en quatre Veilles : La premiere comprend ce qui se passe d'ordinaire à la campagne & à la ville, depuis six heures du soir jusques à neuf; & la Nuit elle mesme, qui en est le sujet, en fait aussi l'ouuerture.

La Seconde represente les diuertissemens qui regnent depuis neuf heures du soir jusques à minuit, comme les Bals, Ballets, & Comedies; & pour cette raison l'on feint que Roger donne le Bal à Bradamante, auec vn Ballet des Nopces de Thetis & vne Comedie de Plaute; où sont conuiez Angelique, Medor, Marphise, Richardet, Fleur-d'Espine : & ces noms là ont esté choisis plus volontiers que d'autres, à cause qu'on les a jugez plus specieux & plus propres à authoriser cette sorte de galanterie; & comme cette Partie est toute enjoüée, Venus y preside auec les Ieux, les Ris, l'Hymen, & le reste de son équipage.

La Lune ouure la troisiesme Partie, & l'amour qui égale toute chose, la fait s'oublier & descendre jusqu'au Berger Endimion, ce qui donne de l'épouuante aux Païsans & de l'estonnement aux Astrologues, qui font ce qu'ils peuuent pour la r'appeller, & ne sçauent à quoy imputer son éclypse : Les tenebres augmentées par la deffaillance de cét Astre, fauorisent l'heure du Sabat où se trouuent Demons, Sorciers, Loups-garoux

AVANT-PROPOS.

& autres tels ministres de l'abominable ceremonie; & parce que c'est dans ce temps-là qu'il y a plus d'assoupissement, & par consequent plus de negligence, le feu prend à vne Maison, le Toxain sonne, & chacun tasche à se sauuer de l'embrasement.

Le Sommeil & le Silence font le Recit de la quatriesme & derniere Partie, & produisent les differens Songes qui la composent : Ainsi paroissent des Furieux, des Auanturiers, vn Ixion épris des beautez de Iunon, vn Peureux, des Poëtes, des Philosophes, des Amoureux transis & autres diuerses expressions de la Bile, du Sang, du Flegme, & de la Melancholie. Apres cela le jour commence à poindre & le Ballet finit auec son sujet : L'Aurore traisnée sur vn Char superbe amene le plus beau Soleil qu'on ayt jamais veu, qui d'abord dissipe les nuages & qui promet la plus belle & la plus grande journée du monde; les Genies luy viennent rendre hommage, & tout cela forme le grand Ballet.

Ce sujet est vaste, & dans toute son estenduë assez digne d'exercer les pas de nostre jeune Monarque, sans le destourner du dessein qu'il a de n'aller à rien que de grand & de noble.

Les Vers qui ont esté faits par son commandement y sont assez propres pour chaque Personnage, & brillent par tout d'vne liberté innocente & gaye, qui se réjoüit; mais qui ne blesse personne, & qui découure seulement que l'Autheur n'est pas tout à fait aux gages de ceux pour qui il a trauaillé.

BALLET

BALLET ROYAL

DE LA NVICT.

Diuisé en quatre Parties, ou quatre Veilles.

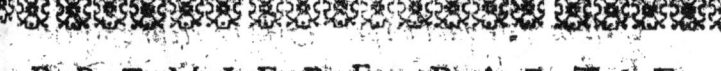

PREMIERE PARTIE.

Depuis six heures du soir iusques à neuf.

La Scene ou décoration du Theatre est vn païsage esloigné d'où paroist la mer, & vn autre au milieu d'vn Rocher battu des flots.

Ouverture du Ballet.

Recit et Premiere Entrée.

Le Soleil se couche & la Nuict s'aduance peu à peu sur vn Char tiré par des Hiboux, & accompagnée des douze Heures qui respondent au Recit qu'elle fait.

Quatre de ces Heures se separant des autres, representent les quatre Parties ou quatre Veilles de la Nuict, & composent la premiere Entrée.

LE ROY, Le Marquis de Genlis, Le Sieur Cabou, & Beauchamp, *Heures.*

RECIT.

La Nuict.

Languissante clarté cachez-vous dessous l'onde,
Faites place à la Nuict la plus belle du monde,
Qui dessus l'Horison s'achemine à grands pas,
C'est moy de qui l'on prise & la noirceur & l'ombre,
Et i'ay mille agrémens dans mon Empire sombre,
Qu'en toute sa splendeur le iour mesme n'a pas.

Les Heures.

Vous poussez le Soleil à bout,
Et vous pourriez regner par tout;
Mais vne REINE & ses Vertus celebres
Détruisent vos tenebres:

Son diuin lustre efface vos flambeaux,
De tous les yeux ses yeux sont les plus beaux,
Et de toutes les mains ses mains sont les premieres :
Nuict, pouuez-vous durer parmy tant de lumieres ?

La Nuict.

Ie descends pour charmer ses yeux & ses oreilles,
Et tout ce qui se passe en mes obscures veilles,
Va briller dans ces lieux en differents portraits :
Amans, ne craignez rien de vostre Confidente,
Ie sçay ce qu'il faut taire, & suis assez prudente
Pour ne pas descouurir icy tous mes secrets.

Les Heures.

Tenez donc vos rideaux tirez
Sur les crimes que vous souffrez,
Et cachez bien vostre desordre extreme
Deuant la Vertu mesme :
Son diuin lustre efface vos flambeaux,
De tous les yeux ses yeux sont les plus beaux,
Et de toutes les mains ses mains sont les premieres,
Nuict, pouuez-vous durer parmy tant de lumieres ?

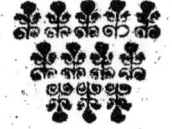

LE ROY, *representant vne Heure.*

Voicy la plus belle Heure & dans tous les cadrans
   La premiere dessus les rangs,
Bien qu'en vn mesme cercle aux douze elle se lie,
Par dessus toutefois on la void rayonner,
Elle est mesme du iour l'Heure la plus hardie,
   Et qu'on entend le mieux sonner.

Mais c'est l'Heure du monde où toutes les Vertus
   Et les Graces brillent le plus,
Elle auance toûiours & iamais ne recule,
Chacun de ses momens fait qu'on la reconnaist,
Et iette vn tel éclat qu'il seroit ridicule
   De demander quelle Heure c'est.

Les Heures n'oseroient se déregler vn peu
   Depuis que la grande est en ieu,
Nulle ne fait du bruit, & nulle ne s'eschappe,
Les choses ne vont plus de mesme que iadis,
L'éguille est sur le point, si faut que l'Heure frappe
   L'on en verra bien d'estourdis.

Cette Heure est precieuse, & l'on ne doit songer
   Qu'au soin de la bien ménager,
Elle est certainement plus vtile qu'aucune,
Et c'est d'elle en effect qu'on parle chaque iour,
Quand on dit si souuent que pour faire fortune
   Il ne faut qu'vne Heure à la Cour.

          Le Marquis

Le Marquis de Genlis, representant vne Heure
de la Nuict.

Pas vne de mes Sœurs ne doit estre jalouse
De ce que j'ay d'appas,
Quoy que je brille fort je ne suis pourtant pas
La plus belle des douze.

J'ay beaucoup dauantage à paroistre masquée,
Et dans l'obscurité ;
Car de tout le Cadran je suis (sans vanité)
L'Heure la plus marquée.

Il faut pour mon visage auoir de l'indulgence,
Et l'on doute à ses traits ;
Que l'Heure du Berger & moy puissions iamais
Estre d'intelligence.

De si peu de beauté Nature m'a pourueuë,
Qu'en mon plus riche atour
Ie croy, sans me flater, que ie suis pour l'amour
Vne Heure assez induë.

L'on peut bien en plein iour voir vne plus belle Heure,
Lors que le Soleil luit ;
Mais quelqu'vne diroit qu'en reuanche la Nuict
N'en a pas de meilleure.

B

II. ENTRE'E.

Prothée voyant arriuer la Nuict, fait r'entrer ses troupeaux Marins dans sa grotte, & sortant de la Mer, se change en differentes formes.

Roquelaure, representant Prothée.

MA bonne fortune est sans borne;
Ie suis riche en toute façon,
  Mes filets sont pleins de poisson,
  Et j'ay force bestes à corne,
  Ie leur fais voir tant de pays,
  Que moy-mesme ie m'ébahis,
  Comme j'en puis estre le Maistre,
  Et ie les sçay si peu choyer,
  Que celles que ie meine paistre
  M'y deuroient moy-mesme enuoyer.

  Pour attraper ces innocentes,
  Et pour en mieux venir à bout,
  Ie sçay me déguiser par tout
  Sous milles formes seduisantes;
  Mais ie deuiens trop ingenu,
  Et l'on a bien-tost reconnu
  De qui ma passion dériue;
  Au reste, & c'est là le secret
  Quelque changement qui m'arriue
  Ie demeure tousioûrs discret.

Mon éloquence est sans seconde,
Ie suis de la langue dispos,
Et n'ay sçeu me taire à propos
Depuis que ie hante le monde :
Dés que le sexe feminin
Se dispose à m'estre benin
La mêche est soudain éventée,
I'ay ce defaut & cætera,
En cette peau mourra Prothée,
Et iamais il ne changera.

III. Entrée.

Cinq Nereïdes viennent receuoir les ordres de Prothée, aprés auoir enfermé ses Monstres marins à cause de la fin du jour.

Le Comte du Plessis, les S⁽ʳˢ⁾ du Fresnoy, Iacquier, Raynal, & Des-airs.

Le Comte du Plessis, *representant vne Nereïde.*

O *Beauté de figure estrange,*
Qui charmez en mille façons,
Nereïde dont la loüange
Est dans la bouche des poissons,
Vermeille & singuliere face,
Si toute vostre troupe a la mesme beauté,
Il n'est point dans la Mer de Triton qui ne fasse
De bon cœur vœu de chasteté.

B ij

IV. ENTRE'E.

Six Chasseurs las & fatiguez, & que la Nuict appelle au repos, arriuent sonnans de leurs cors ; & font paroistre sur vn cheual le Cerf qu'ils ont pris, conduit par vn Valet de limier auec vne laisse de Chiens.

Mrs de Viuonne, Canaples, Mirepoix, Coquet, Ioyeux, & la Chappelle.

Mr de Canaples, *representant vn Chasseur.*

Est-ce Venus ? est-ce Adonis ?
Si ce n'est l'vn des deux il en a l'encolure ;
Adonis auoit bien ces charmes infinis,
Mais d'vne autre couleur estoit sa cheuelure,
Et quelques rayons d'or au menton suruenus
    Monstrent que ce n'est pas Venus.

    Tous deux n'auroient point tant d'éclat,
Et prés de cet Objet tous deux on les méprise,
Il n'est rien si mignon, ny rien si delicat,
C'est de tous les Chasseurs le plus seur de sa prise,
Et pour en bien parler nul Chasseur aujourd'huy
    Ne bat plus de païs que luy.

Tous

Tout succombe sous son effort,
Vne Biche se rend dés qu'il est à ses trousses,
Pas-vn plus hardiment ne donne dans le fort
Des Alcôues dorez & des Ruëlles douces ;
C'est là qu'au lieu du Cerf poursuiuy dans les bois,
    Il met la pudeur aux abois.

Amour, ce dangereux marmot
Le fournit de pensers qui ne sont pas vulgaires :
Mais parce qu'il rougit dés qu'il prononce vn mot,
Cela fait qu'il se taist, ou qu'il ne parle gueres,
Par ses yeux, par son geste, & par d'autres moyens
    Il se fait entendre à ses chiens.

Qu'il est galand, qu'il est adroit,
Pour le trouuer joly suffit qu'on l'entreuoye ;
Quand ce jeune Chasseur a pris ce qu'il couroit,
Il ne sçait bonnement que faire de sa proye,
Et ne veut que l'honneur de l'auoir mise à bout,
    Il en triomphe, & puis c'est tout.

Si quelque Nymphe auec ardeur
Dans l'épaisseur du bois luy conte son martyre,
Il a la mesme honte & la mesme pudeur
Qu'auroit Amarillis dans les bras du Satyre,
Et reçoit chaque iour cent poulets qui sont pleins
    De reproches à ses dédains.

Ce Chasseur est assez leger,
Et sous de faux cheueux ce n'est pas qu'il soit chauue;
Mais c'est qu'en cela mesme il se plaist de changer,
Tantost il donne au noir, tantost il donne au fauue:
Que ces chiens découplez prennent mille détours,
  A leur queuë on le void tousiours.

  Parmy les Cerfs qu'il veut courir,
Ny sa voix ny son cor ne font pas grande émeute,
Il ne faut qu'vne ronce, il ne faut qu'vn zephir
Pour arrester tout court le Chasseur & la meute:
Dés le moindre frimas, dés le moindre bourbier,
  Adieu la chasse & le gibier.

  Belles, vous courez grand danger,
Si pour ce beau Chasseur vos ames s'atendrissent,
S'il vous blesse vne fois c'est pour en enrager,
Il vaudroit tout autant que ces chiens vous mordissent,
Fut-il pour vous guérir encore plus expert,
  Vostre plus court est Saint Hubert.

V. ENTRE'E.

Deux Bergers & deux Bergeres reuiennent des champs joüans de leurs flustes & de leurs musettes, & conduisans chacun leurs troupeaux au village à cause de la Nuict.

Les Sieurs Baptiste, & Feros, *Bergers*.   Les Sieurs Queru, & Mongé, *Bergeres*.

Ces Bergers sont fort amoureux,
Ces Bergeres n'ont pas la mine fort modeste,
Et ie m'imagine à leur geste
Qu'elles auront gardé leur brebis auec eux,
Et n'auront point gardé le reste.

Le Marquis de Villequier, *representant vn Berger*.

MOn employ seul vaut mieux que tous les vostres,
Ie vous passe de loin, ô Bergers de ces lieux,
Simples troupeaux sont gardez par les autres,
Ce que ie garde est bien plus precieux.

Plus vigoureux que le plus fort Atlete,
Ie pourrois mettre à bas les plus fermes Luteurs.
Ieune Pasteur auecque ma houlette
I'arreste court les plus hardis Pasteurs.

Quoy que par tout, & sans cesse ie tâche
De gouster les plaisirs que jeunes nous goustons,
A mon deuoir pleinement ie m'attache,
Et ie reuiens tousiours à mes moutons.

VI. ENTRÉE.

Des Bandis qui volent vn Mercier sur le chemin.

Le Marquis de Villequier, *Capitaine des Bandis.*
Le Duc de Bukingham, le Marquis de Humieres
les Sieurs Des-airs, le Vacher, *Bandis.*
& Varin, *Mercier.*

Le Marquis de Humieres, *representant vn Bandi.*

IE ne suis plus celuy qui n'ozoit pas
Leuer les yeux, soûpirer, faire vn pas
Deuant l'objet de mon transport extréme,
Et mon orgueil s'est mesme acheminé
Iusqu'à luy venir dire en face que ie l'aime,
Est-ce pas estre vn vray determiné?

Depuis cela, violement, larcin,
Assassinat dessus le grand chemin,
Et pis encor me semble legitime :
Quand i'osterois aux passans vie & bien,
Ce que i'ay dit l'emporte, & depuis vn tel crime
Ce que ie fais me paroist comme rien.

Diuins regards qui ne m'éclairez plus,
Pour vous cacher vos soins sont superflus,
Rien ne vous peut oster vostre conqueste,
Enfin ie veux finir tant de langueur,
Et ie suis resolu d'aller porter ma teste
Où vous sçauez que i'ay laissé mon cœur.

VII. ENTRÉE.

VII. ENTRE'E.

Le Theatre change de face, & deux boutiques paroissent de chaque costé auec des Marchands & des Marchandes; deux Galands & deux Coquettes arriuent du Cours en carosse, & mettent pied à terre pour achepter des rubans & des confitures: Cependant le Cocher tourne, & apres qu'ils ont dansé, les vient aduertir qu'il est tard. Tandis qu'ils remontent en carosse, l'on void danser sur les boutiques diuers animaux.

MONSIEVR Frere vnique du Roy.

Le Comte de Guiche, *Galands*. Le Marquis de Villeroy, & le petit Bonard, *Coquettes*. Picot, *Cocher*. Turpin, *Valet-de-pied*. Son Frere, *vn Chien*.

MONSIEVR Frere vnique du Roy, *representant vn Galand*.

C*Adet d'assez bonne famille*
Entre tous les Galands je brille,
 On m'aplaudit dés que l'on m'apperçoit;
Mon rang & ma beauté par tout se font connoistre,
Et petit que je suis je ne laisse pas d'estre
 Tout le plus grand Monsieur qui soit.

D

Ie tafche en feruant les plus belles
De faire fortune auprés d'elles,
Et c'eſt par là que je veux m'auancer :
Ie n'ay point d'autre ſoin, ny de plus grande affaire,
Quand les aiſnez ont tout, que ſçauroit-on y faire,
C'eſt aux Cadets à ſe pouſſer.

Maintenant je ne repreſente
Qu'vn Galand d'humeur complaiſante
Dont le deſtin n'eſt guere violant ;
Mais quand l'aage aux deſirs aura laſché la bride,
I'ay toute la façon d'aſpirer au ſolide,
Et d'eſtre vn terrible Galand.

Le Comte de Guiche, *repreſentant vn Galand.*

Tous ces Blondins à teſte écervelée,
Tous ces Galands de la haute volée
En matiere d'eſprit ne me font point la Loy,
Auecque les plus fins je raiſonne, je raille,
Et ſans qu'au deſſous d'eux j'ay la force & la taille,
Ils n'auroient rien par deſſus moy.

Le Marquis de Villeroy, *repreſentant vne Coquette,*
& *parlant à* Monsievr *Frere vnique du Roy.*

Nous autres petites coquettes,
Nous entendons bien en fleurettes,
Et je ſçay que voſtre douceur
Eſt moins pour moy que pour ma ſœur.

VIII. ENTRE'E.

Quatre Egyptiens & deux Egyptiennes, prennent l'occasion de la Nuict pour faire leur meſtier; & vont de boutique en boutique diſans la bonne aduanture, & emportant de chacune quelque choſe.

Les Ducs de Ioyeuſe, & Damuille, les Sieurs D'azy, Saint André *Ioyeuſe*, & les Sieurs Verpré, & Bruneau.

Le Duc de Ioyeuſe, *repreſentant vn Egyptien*.

Noſtre ſcience eſt aſſez peu commune,
Et nous en cachons plus que nous n'en témoignons:
Pour moy ie croy m'entendre à la bonne fortune
   Auſſi bien que mes compagnons,
   Qui la voudra ſçauoir qu'il vienne,
Mais je mourrois pluſtoſt que de dire la mienne.

Le Duc Damuille, *repreſentant vn Egyptien*.

Dés ma grande jeuneſſe allant par les maiſons,
Ie faiſois des larcins en contant mes raiſons,
Et touſiours ſous ma main j'auois quelque vetille
   Soit de femme ou de fille.

D ij

Encore maintenant n'y fait-il pas trop seur,
Et je sçay me couler auec tant de douceur,
Que quelque effort qu'on fasse afin de s'en deffendre,
    Ie prends ce qu'on peut prendre.

Quand j'épousay ma femme, aussi n'estoit-ce pas
Pour son teint, sa jeunesse, ou ces autres appas;
En voulez-vous sçauoir la raison ? ce fut pource
    Qu'elle auoit vne bource.

Ie la couppay fort bien, puis j'en demeuray-là,
Et je ne pû iamais luy faire que cela;
Elle ne sceut aussi reparer sur la mienne
    La perte de la sienne.

Quoy que je sois d'Egypte, à ne vous rien celer,
Dans le sombre aduenir je ne voy pas trop clair:
Mais pour le temps passé (sans vanité) les Belles,
    J'en sçay quelques nouuelles.

IX. ENTRE'E.

IX. ENTRE'E.

Deux Gagne-petits conduisans leur broüettes & esguisans des cousteaux, se retirent chez eux à cause de la Nuict.

Les Sieurs Laleu, & Hans.

Quand sous mille cousteaux la meule s'est tournée,
Apres vn long trauail où le gain est petit,
Enfin nous éprouuons au bout de la journée
Qu'il n'est rien d'éguisé comme nostre appetit.

X. ENTRE'E.

Les boutiques se ferment, & les Marchands & Marchandes font leur retraitte en dansant.

Mr Bontemps, les Sieurs Beauchamp, de Lorge, Lambert, Sainct Fré, Parque, *Marchands.* Geoffroy, Rodier, *Marchandes.* Bonnart, *vn Perroquet.* Aubry, *vn Chien.* Charlot l'aisné, *vn petit Enfant.* petit S. Fré, *vne Corneille.*

Mesdames, & Messieurs, vous plaist-il rien du nostre,
Nous auons ce qu'il faut, & pour l'vn & pour l'autre,
Et vous en deuez essayer;
Mais toute nostre marchandise
Ne sçauroit dignement payer
L'honneur de vostre chalandise.

E

XI. ENTRE'E.

Trois Allumeurs de Lanternes viennent pour les
abaisser, & pour allumer les Chandelles,
suiuis de quatre Lanternes, qui
s'ouurent & se ferment.

Les Sieurs Verbec, du Pron, & Regnault, *Allumeurs de Lanternes,* **Armenien, petit Charlot, petit du Manoir,
Chaudron,** *Lanternes.*

Dire que vos beaux yeux nous tiennent prisonniers,
Qu'ils nous font de leurs traits cent blessures internes,
Il n'est rien si commun, & ce sont baliuernes :
　　Mais qu'est-ce que des Lanterniers
　　Vous conteroient que des Lanternes ?

XII. & XIII. ENTRÉE.

Deux Bourgeoises reuiennent de la Ville en Chaize, & sont rencontrées par deux Filoux qui les attaquent, les Porteurs s'enfuyent : Deux Soldats suruiennent qui leur font quitter prise : Les Filles s'échappent, & l'Entrée finit par vn Combat.

Le Marquis de Monglas, & le sieur de Chambonnieres, *Bourgeoises*. Les Sieurs du Poix, & Ourdault, *Filoux*. Les Sieurs Baptiste, & la Mare, *Soldats*.

Le Marquis de Monglas, *representant vne Bourgeoise*.

Vous meriteriez quelques vœux,
 Et seriez d'assez bon vsage,
Si vous auiez le blanc dessus vostre visage
 Que vous auez dans les cheueux :
Ouy, je vous le diray, deussay-ie émouuoir noise ;
 Vous estes vn braue Seigneur,
Vn fort bon Gentilhomme & d'esprit & d'honneur,
 Mais vne fort laide Bourgeoise.

Filoux.

Que la nuict nous va donner beau,
Ie la voy ses ombres étendre,
Et se couurir de son manteau
Afin de nous en laisser prendre.

XIV. ENTRE'E.

La Cour des Miracles où se rendent le soir toute sorte de Gueux & Estropiez, qui en sortent sains & gaillards pour danser leur Entrée, apres laquelle ils donnent vne Serenade ridicule au Maistre du lieu.

Mr Hesselin, *Maistre*. Lerambert, *la Maistresse*. Beaubrun, *Valet*. Le sieur Bruneau, *Soldat estropié*. Monsieur de Saintot, *Goujat*. Les Sieurs Geoffroy, du Moutier, Moliere, Laleu, de Lorge, Hans, Pisot, Lambert, *Estropiez*. Monsieur Cabou, les Sieurs Beauchamp, Iacquier, Verbec, le Comte de Troye, & Baptiste, *Gueux*.

Monsieur Hesselin, *representant le Maistre de la Cour des Miracles.*

IL n'est rien de pareil à mes enchantemens,
N'en déplaise à Maugis, ma science est meilleure,
On ne lit point dans les Romans
Tout ce qu'on void dans ma Demeure.

Là trop d'ambition ne me vient point saisir,
Contre tous les chagrins c'est vne Maison forte,
La tristesse & le déplaisir
N'en ont jamais passé la porte.

Là mesme on se guerit de mille infirmitez
Par vne assez plaisante & facile methode,
Venez-y, charmantes Beautez,
Si la Vertu vous incommode.

Fin de la premiere Partie.

DEVXIESME PARTIE
DV
BALLET ROYAL
DE LA NVICT.

Representant les diuertiſſemens du ſoir, depuis les neuf heures juſques à minuict.

RECIT ET PREMIERE ENTRE'E.

Les trois Parques, la Triſteſſe, & la Vieilleſſe, viennent à deſſein de marquer le deſordre des tenebres & de la Nuict, & apres auoir danſé elles entreprennent vn Recit; Mais Venus deſcend du Ciel qui les interrompt & les chaſſe : Et apres auoir chanté elle fait danſer les Ieux, les Ris, l'Hymen & le Dieu Comus, qu'elle introduit en leur place.

Les trois Parques, la Vieillesse & la Tristesse.
Les Srs Fatouuille, S. Mory, Rodier, Mongé, & Raynal.

Bien que nous n'ayons pas tout à fait l'air galand,
  Il n'est bruit que de nos conquestes,
Nous auons pour cela toûiours les armes prestes,
Et l'on arriue à nous-mesme en s'en reculant:
Les plus belles n'ont point de traits comme les nostres,
Contre nostre pouuoir c'est en vain qu'on s'esmeut,
On nous prend pour danser tout le plus tard qu'on peut,
  Et c'est nous qui prenons les autres.

II. ENTRE'E.
Recit de Venus.

Fvyez bien loin ennemis de la ioye,
Tristes obiets, faut-il que l'on vous voye
Parmy tout ce qu'Amour a d'aymable & de doux?
  Il n'est pas iuste ce me semble,
  Que vous soyez meslez ensemble
    Mon fils, & vous.
Jeune LOVIS, le plus grand des Monarques,
Dans quelque temps vous porterez des marques
De ce Dieu dont iamais on n'éuite les coups;
  Il faut ceder à sa puissance,
  Et que vous fassiez cognoissance
    Mon fils, & vous.

Les Ieux, les Ris, l'Hymen & le Dieu Comus.

LE ROY.   Les Srs Moliere, S. Fré, & de Lorge.

LE ROY, repre∫entant vn des Ieux qui
∫ont à la ∫uite de Venus.

A Venus.

Vous triomphez, Mere d'Amour,
Et vo∫tre gloire e∫t ∫ans ∫econde,
Pui∫que le plus grand Roy du monde
Commence à vous faire la Cour:
Que ∫a mine e∫t hautaine & fiere,
Et qu'elle lai∫∫e loin derriere
Les Monarques plus releuez;
Dans quel éclat vous allez viure,
Et le beau Train que vous auez
Pourueu qu'il s'adonne à vous ∫uiure.

Tous vos Amours ∫ont déconfis
Par la ∫plendeur qui l'enuironne,
Et ∫a ieune & viue per∫onne
Efface iu∫qu'à vo∫tre fils;
Mais vous ne le garderez guere,
Son ame heroïque & ∫euere
Ayme trop les ∫anglans hazards;
Dé-ja ∫es grands proiets s'ébauchent,
Et ie crains que l'Honneur & Mars
A la fin ne vous le débauchent.

Le Ciel ne l'a si bien formé,
Apres tant de vœux & d'offrandes,
Que pour aymer les choses grandes,
Et pour estre beaucoup aymé :
Toutes vos amorces sont vaines,
Pour le retenir dans vos chaisnes,
Il est d'ailleurs trop combatu,
Et méprisant vos auantages
A la suite de la Vertu
Pretend de plus solides gages.

Mais vostre culte estant si doux,
Luy pourriez-vous pas faire croire,
Que pour arriuer à la gloire
On y peut aller par chez vous ?
La jeunesse a mauuaise grace
Quand trop serieuse elle passe
Sans voir le Palais de l'Amour,
Il faut qu'elle entre, & pour le Sage
Si ce n'est pas son vray sejour,
C'est vn giste sus son passage.

III. ENTRE'E

III. ENTRE'E.

Deux Pages viennent preparer la sale du Bal, & arranger les sieges: Roger ameine Bradamante accompagnée d'vn Escuyer & d'vne Suiuante, & luy veut donner le passe-temps de la soirée: Il enuoye prier Medor, Angelique, Marphise, Richardet & Fleur d'Espine.

IV. ENTRE'E.

Toute la Compagnie estant arriuée, le Bal se commence par plusieurs sortes de danses, courantes figurées, & bransles à la vieille mode.

Laleu fils, & Bonnar, *Pages*. Le Sr de la Chappelle, *Roger*. le Sr Courtois, *Bradamante*. le Sr Varin, *Escuyer*. le Sr de Lorge le jeune, *Suiuante*. le Sr Lerambert, *Nourrice*. le Comte de Lounigny, *fils de Roger*. *Medor*, le Grand Maistre de l'Artillerie. *Angelique*, le Duc Damuille. *Richardet*, le Marquis de Villequier. *Guidon*, Mr Bontemps. *Marphise*, & *Fleur d'Espine*, les S^{rs} le Vacher, & Des-airs.

Pour arriuer icy ie ne sçay pas comment,
A dessein d'honorer cette feste publique,
Nous auons trauersé des païs de Romans;
Apres estre sortis d'vne vieille Chronique.

G

Pour le Comte de Louuigny, vulgairement dit le Gros Homme.

Icy se trouuent à souhait
Heros & Dieux tous pesle-mesle,
Mais rien ne peut estre bien fait
Si le Gros homme ne s'en mesle.

Le Grand Maistre de l'Artillerie, *representant Medor.*

Ha! vous me flattez, Arioste,
Et vous faites à vostre poste
La beauté que vous me donnez;
Mais auriez vous bien le courage
D'ozer soûtenir à mon Nez
Que ie sois si beau de visage?

I'ay la teste fort belle & bonne,
Ie suis bien fait de ma personne,
Doux, accord, sage, & des mieux nez,
Quand au reste, sans flatterie,
Ie n'ay pas tout à fait le Nez
Tourné vers la galanterie.

Pour moy cependant on soupire,
Tandis qu'en l'amoureux empire
Languissent tant d'infortunez,
Et prés de la Belle que i'ayme
Mes Riuaux ont un pied de Nez;
Mais moy ie n'en suis pas de mesme.

Ialoux, pleurez à chaudes larmes,
Tant d'appas, d'attraits, & de charmes,
Pour vous ne sont point destinez,
Trop de vanité vous emporte,
Et ce n'est pas pour vostre Nez,
Mais pour un taillé d'autre sorte.

Non, ma beauté n'est point si rare,
ANGELIQUE a le goust bizare,
Et ses feux seront condamnez :
Telle est d'amour la Loy commune,
Et ce n'est pas toûjours au Nez
Que se mesure la fortune.

Le Duc Damuille, representant Angelique.

Avec tout mon éclat ie ne prétends pas estre
De ces ieunes tendrons qui ne font que de naistre,
Mais jamais ma beauté n'eut un plus grand renom,
I'ay paru dans les Cours, j'ay battu la campagne,
Et le bruit que j'ay fait du temps de Charlemagne,
Ie le fais sous LOVIS quatorziesme du Nom.

Pourquoy tant s'informer, de quelle année est-elle?
Quand on se porte bien, & qu'on est toûjours belle,
La vieillesse est visible, on ne s'y peut tromper,
I'ay l'œil beau, le teint vif, & la gorge charmante,
Et j'ay depuis deux ans perdu ma Gouuernante,
Deuant qui je n'osois quasi m'emanciper.

Si j'ay mis aux coûteaux par ma galanterie
Toute la fine fleur de la Cheualerie,
Les Renauds, les Rolands, ces fameux Paladins,
Par les mesmes attraits, & par les mesmes charmes,
Ie prétens faire encor tous les mesmes vacarmes,
Semant la jalousie entre tous les Blondins.

IX. ENTRE'E.

Apres le Bal, arriue vn Ballet pour le diuertissement de l'assemblée.

Les Nopces de Thetis, Ballet en Ballet.

Premiere Entrée du Ballet en Ballet.

Thetis entre pourfuiuie de Pelée; mais pour éuiter sa poursuite, elle se change en trois formes differentes, d'animal, de rocher, de flame & de feu: Puis estant reuenuë en sa premiere forme & se croyant échappée, elle s'endort à la porte de son antre: Pelée retourne sur ses pas & la trouuant endormie, la lie & la contraint à son réueil de ceder à sa passion & de l'accepter pour mary.
Pelée s'en retourne, & les trois Graces habillent Thetis & la coiffent en espousée. Mercure en Mercier apporte quantité de boëttes pleines de galands & de mouches. Pelée reuient vestu de ses habits nuptiaux, prend sa Maistresse & les emmeine tous.

Thetis

Thetis, le Sr Beaubrun. *Pelée*, le Sr Lambert. *Les trois Graces*, les S^{rs} la Marre, Grenerin, & Baptiste, *Mercure en Mercier*, le Comte *de Troye*.

Vulcan & quatre Cyclopes apportent le feu sans fumée pour apprester le festin.   II. Entrée.

Vulcan, le Sr Chambonniere. *Cyclopes*, les Srs Monglas, Ourdault, du Poix, & Varin.

A Voir ce Mariage on est bien-tost guery.
Du dessein d'entreprendre vn semblable negoce,
La Femme est digne du Mary,
Et le Train répond à la nopce.

Themis apporte le couuert : Ganimede & Hebé viennent auec des corbeilles chargées de Nectar & d'Ambrosie, suiuis de Bacchus & de Ceres.   III. Entrée.

Les Srs St André *Ioyeuse*, Laleu, Feros, le petit le Comte, & Raynal.

Qve de Dieux dont l'humeur affable
Ayme à conuerser parmy nous,
Ie pense que toute la Fable
S'est icy donné rendez-vous.

H

IV. Entrée. Ianus y vient pour prendre garde à tout, accompagné de deux Satires; & rencontre Apollon chargé de quantité de violons, & suiuy des Muses Musiciennes Clio, Eutrope, & Erato, qui vont à cette Nopce.

Les Srs Dazy, S. Fré, Mongé, Queru, Regnault du Pron, le Breüil.

Ianus, representé par le Sr Dazy.

POur auoir double front suis-ie vn Monstre funeste?
Est-ce vn si grand défaut qu'vn visage de reste?
Faut-il que pour cela chacun me monstre au doigt?
Ie ne suis pas tout seul, à la Cour il s'en voit,
Et les choses du monde ont-elles pas deux faces?
I'ay deux nez & quatre yeux, mais le tout sans grimaces;
I'ay deux bouches aussi, c'est plus que ie n'en veux:
     Y fournir est chose importune;
Il peut m'estre arriué d'auoir parlé des deux,
     Mais ie n'ay iamais beu que d'vne.

V. Entrée. La Discorde vient à dessein de mettre tout en confusion.

Le Comte *de Troye*.

VI. ENTRE'E.

Comedie muëtte d'Amphitrion.

PREMIERE ENTRE'E representant le premier Acte.

AMphitrion commence auec Sofie son valet, il fait venir Alcmene sa femme, pour luy apprendre le sujet du voyage qu'il est obligé de faire, & en mesme temps il en prend congé.

Deuxiesme Acte.

IVpiter entre auec Mercure, & luy declare l'amour qu'il a pour Alcmene, ils consultent comme ils la pourront persuader, & resoluent de se metamorphoser, Iupiter en Amphitrion & Mercure en Sofie, & aussi-tost Mercure luy montre des habits propres pour executer ce dessein.

Troisiesme Acte.

ALcmene reuient auec Bromia sa seruante, à qui elle se plaint de l'absence de son Mary, & cependant on voit venir Iupiter & Mercure metamorphosé, l'vn en Amphitrion & l'autre en Sofie: Alcmene trompée par l'apparence les reçoit auec joye, Iupiter entre auec elle dans le logis, & Mercure demeure à la porte.

Quatriesme & dernier Acte.

LE veritable Sofie reuient de son voyage, & pensant entrer en la maison d'Alcmene, en est empesché par son semblable qu'il rencontre à la porte, estonné de le voir il fait plusieurs actions pour l'esprouuer : Amphitrion cependant retourne frappe à la porte, Iupiter déguisé en Amphitrion regarde par la fenestre, le veritable Amphitrion surpris de se voir se met en cholere, & impatient entre par cette fenestre : Sofie qui le voit veut y entrer & le suiure, Mercure déguisé le retient, & enfin y entrent tous deux : Bromia seruante d'Alcmene dans la peur met la teste à cette fenestre, pour recognoistre s'il ne vient plus personne, descend sort par la porte regardant aux aduenuës; Et enfin les deux Amphitrions & les deux Sofies sortent : Blefaro qui ne cognoist pas ces Dieux déguisez, les veut accorder auec les autres: Mais Iupiter & Mercure se découurent & se font cognoistre : A l'instant les veritables Amphitrion & Sofie, Alcmene, Bromia & Blefaro, leur font soûmission qui finit la Comedie. Les Violons cessent pour incontinent apres sonner vne Sarabande, sur laquelle dansent quatre petites Espagnolles & vn Espagnol, pour acheuer le diuertissement de l'assemblée du Bal; Ce qui finit la deuxiesme Partie du Ballet.

Amphitrion,

Amphitrion, Sofie, Alcmene.
Mr Saintot.   Les Srs Baptiste, & Geoffroy.
Iupiter, Mercure.
Mr Hesselin, & le Sr Bruneau.
Bromia. Le Sr Lerambert.   *Blefaro.* Le Sr du Moutier.

Mr Hesselin, *representant Iupiter.*

DAns le Ciel où je suis regne vne paix profonde,
Là donnant à mes sens ce qu'ils veulent d'abord,
Sans trop m'inquieter des affaires du Monde,
  I'en laisse la conduite au Sort.

  Assez commodément de crainte qu'il m'ennuye,
Ie prends les passetemps les plus delicieux,
Et pour mes Danaëz i'ay toujours de la pluye,
  Ce que n'ont pas les autres Dieux.

Ie gouste le Nectar bien mieux qu'ils ne le goustent,
Et plaignant les Mortels qui s'attachent au bien,
Quand ce n'est que de l'or que mes plaisirs me coustent,
  Mes plaisirs ne me coustent rien.

Ie sçay vivre à ma mode, & rien ne m'importune,
A tout ce que ie veux on ne dit iamais non,
Et sçauez-vous quelle est ma meilleure fortune?
  C'est que ie n'ay point de Iunon.

I

Personne dans mon Ciel ne me chante ma gamme,
De foudre & de tonnerre il ne m'en faut point là;
Mais si ie m'auisois d'épouser vne femme
I'aurois bien-tost de tout cela.

La Comedie finit par vne Sarabande d'vn Espagnol
& de quatre petites Espagnolles.

L'Espagnol. Le Sr Ribera.
Les quatre petites Espagnolles.
La petite Moliere. La petite Ribera. La petite le Brun,
& la petite de Verlu.

Fin de la deuxiesme Partie.

TROISIESME PARTIE
DV
BALLET ROYAL
DE LA NVICT.

Depuis minuict jusques à trois Heures deuant le jour.

La Lune dans son Char fait le Recit, & est accompagnée des Estoilles, qui se retirent & la laissent se promenant & admirant les beautez d'Endimion.

RECIT DE LA LVNE.

Oy dont les froideurs sont cognuës,
Helas! j'ayme à la fin, & ie tombe des Nuës
Pour voir ce beau Berger qui me donne la Loy:
Douce & paisible Nuict, de tes plus sobres voiles
   Cache bien mes desseins & moy,
Et dérobe ma honte à toutes les Estoilles.

Mais, mon cœur, est-il donc possible
Que tu sois à l'Amour deuenu si sensible,
Et que mes chastes vœux se soient éuanoüys?
Il faut suiure ses Loix, on ne les peut enfraindre,
Vous y viendrez, jeune LOVIS,
Où les Dieux ont cedé, les Rois ont lieu de craindre.

Premiere Entrée.

Endimion.

Le Duc de Ioyeuse.

Le Duc de Ioyeuse representant Endimion.

IE l'auoüe, il est vray, que la Lune m'adore,
Qu'elle descend pour moy dans vn nuage obscur,
Et n'estoit qu'elle m'ayme elle seroit encore
De tous les Astres le plus pur.

Mais cette Prûde enfin resoluë à commettre
Vne faute si douce & qui la peut guerir,
En quelle main plus seure eust-elle pû se mettre,
Pour la faire & pour la couurir?

Elle vient dans mes bras quand la Nuict tend ses voiles,
Ce qu'elle n'eut osé quand le iour éclatoit,
Et retourne briller au milieu des Estoiles
Tout comme si de rien n'estoit.

Encore

Encore qu'elle adiouste à son éclat extreme,
Et se pare pour moy d'vn soin fort obligeant,
Ie l'ayme ie vous iure à cause qu'elle m'ayme,
  Et ce n'est pas pour son argent.
Il n'est rien de fascheux qu'à dessein de me plaire
Son violent amour ne fit tres-volontiers,
Et ie croy que pour moy s'il estoit necessaire
  Elle se mettroit en quartiers.
Aussi qu'elle soit rouge, ou bien qu'elle soit pasle,
Qu'elle soit en croissant, qu'elle soit en decours,
Qu'elle ait la face en rond, qu'elle l'ait en ouale,
  Ie l'ayme & l'aymeray tousiours.

II. ENTRÉE.

La Lune amoureuse d'Endimion descend du Ciel
& approche de luy, vne nuée les dérobe
à la veuë des spectateurs.

La Lune, le Duc Damuille.

Le Duc Damuille, *representant la Lune.*

O *Lune sans faire du bruit,*
Vous auez bien rosdé la nuict;
Vous vous maintenez par le monde
Et tousiours fraische & tousiours blonde:
Mais comment vos attraits ne sont-ils point vsez?
Ce n'est pas d'auiourd'huy, Lune, que vous luisez.

K

III. Entrée.

Ptolemée & Zoroaftre deux grands Aftrologues obſeruent les mouuemens du Ciel auec de longues Lunettes, & croyent que la Lune s'eſt retirée en terre par quelque enchantement.

Le Comte de S. Agnan, *Ptolemée.*　　Le Sieur le Vacher, *Zoroaftre.*

Le Comte de S. Agnan *repreſentant Ptolemée Aſtrologue.*

Mon ſçauoir eſt profond, & ie lis dans les Cieux
Aſſez diſtinctement les biens & les deſaſtres,
Mais i'ay bien plus d'adreſſe à lire dans les yeux,
Et i'entens mieux le cours de cette ſorte d'Aſtres.

Ces globes lumineux ſous qui nous ſuccombons
Encore plus errans que les autres Planetes,
Se monſtrent peu ſouuent fauorables & bons
A qui les conſidere auec des Lunetes.

Apres en auoir fait ſi curieuſement
Mille obſeruations & mille experiences,
Que i'en ay recognu qui cachent finement
Sous de malins aſpects de douces influences.

Ie ſçay prés des Beautez les ſaiſons employer,
Ie ſçay quand on leur plaiſt, ou quand on les ennuye,
Et fais des Almanachs qu'on ne ſçauroit payer
Qui marquent de l'Amour le beau temps & la pluye.

IV. Entreé.

La face de la Lune s'estant cachée, & l'air s'estant noircy, quatre Païsans viennent tesmoigner l'apprehension qu'ils ont de quelque reuolution dans la Nature, & consultent les Astrologues.

> Les Srs Hans, du Pron, le petit le Comte, de Lorge le jeune.

Apres que l'horreur de la guerre
A presque mis tout au cercueil,
Nous venons sçauoir de quel œil
Le Ciel va regarder la Terre.

V. Entreé.

Six Coribantes auec leurs Bassins d'airain, Timballes & Tambours de Biscaye, pretendent de rompre le Sort, & par leur bruit appeller la Lune au Ciel, qui en effect y reuient apres auoir quitté le Berger Endimion.

> Mr Cabou. Les Srs S. Fré, Piquet, Raynal, Monglas, & Verbec. *Coribantes.*

Quelque Enchanteur parmy l'air
Tient la Lune sous ses charmes,
Et c'est pour la rappeller
Que nous faisons ces vacarmes.

VI. Entrée.

Huict Ardens qui paroissent la nuict.

LE ROY.

Le Comte de S. Agnan. Le Marquis de Villequier,
Le Comte de Guiche. Le Marquis de Genlis.
Les Srs Moliere, Bauchamp & Rodier.
Ardents.

LE ROY *representant vn Ardent.*

AStres, vous voyez bien
Qu'il faut ceder la place,
Vn Ardent vous efface,
Et vous n'estes plus rien.
Vous autres marchez doncque
Bien droit doresnauant,
Et malheur à quiconque
S'égare en le suiuant.

O qu'il est different
Dans son éclat insigne
De la vapeur maligne
Qui perd en éclairant!
S'il meine à la riuiere,
C'est qu'on prend par malheur
Au lieu de sa lumiere
Vne fausse lueur.

Helas

Helas! que d'imprudens
Aux dernieres Tenebres
Qui furent si celebres,
Ont pris de faux ardens!
Le vray nous en deliure
Luisant dessus nos pas ,
Et mille ont crû le suiure
Qui ne le suiuoient pas.

Objets charmants & doux,
Beautez toutes parfaites,
Pour luy vous estes faites
Comme il est fait pour vous :
Mais courrez pour luy plaire
Viste comme le vent ,
On ne l'attrape guere
Il va toujours deuant.

Pendant l'obscurité
Vous pourriez sur sa route
Auecque luy sans doute
Marcher en seureté ;
Mais comme le pied glisse ,
N'allez pas cepandant
Si prés du precipice
De crainte d'accident.

L

Le Comte de S. Agnan, *representant vn Ardent.*

L'On m'a veu bien des soirs dans vn luisant extreme
Qui m'a sans vanité plus d'vne fois seruy,
Et si l'Amour osoit il vous diroit luy-mesme
Iusques où j'ay mené celles qui m'ont suiuy.

Le Marquis de Villequier *representant vn Ardent.*

A Voir quelle est ma force & l'éclat qui me suit,
Tout sexe me doit craindre alors que je me monstre,
Et pour qui que ce soit c'est vn Ardent qui luit
D'assez dangereuse rencontre.

Le Comte de Guiche *representant vn Ardent.*

IE ne suis pas encore au point qu'on me soupçonne
Capable de perdre personne,
Et de moy l'on prend tout en jeu:
Mais de la sorte que mon feu
Eclate, reluit, & petille,
Ce sera merueille dans peu
Si je n'égare quelque fille.

Le Marquis de Genlis *representant vn Ardent.*

IE brille autant ou plus que tous ceux que je voy,
Sans estre beau pourtant aux yeux des Demoiselles,
Et si je suis ardent pour elles,
Ie doute qu'elles soient fort ardentes pour moy.

VII. Entrée.

Vn grand Homme monté sur vn Bouc, commande
à huict petits Demons de sa suite, d'auertir
les Sorciers du Sabat.

Le S^r le Vacher. Les deux Charlots, le petit Laleu, Bonnart,
petit S. Fré, Paquelon, Aubry, & du Manoir.

Voicy le rendez-vous & l'heure du Sabat,
Courez, Demons legers, d'vne vitesse étrange
Auertir les Sorciers de quiter leur grabat,
Et que la noire Trouppe à son deuoir se range.

VIII. Entrée

Quatre Monstres nains sortent de quatre Coquilles
de Limassons, & sont enleuez en l'air.

Armenien, Boutelet, petit Des-Airs, & Chaudron.

Nostre difformité nous fait assez paroistre,
Mais rien de si petit ne se voit sous les Cieux;
Quand on est Monstre aussi le moindre qu'on puisse estre
N'est-ce me semble que le mieux.

IX. Entrée.

Vne Magicienne & quatre vieille Sorcieres aiſlées, ſe graiſſent en danſant & ſont enleuées au Sabat.

Les Srs Beauchamp, Picquet, de Lorge, Feros, & Des-airs.

Noſtre meſtier eſt bon de toutes les manieres,
Qui l'exerce vne fois ne ſçauroit s'en tenir,
Les Dames de la Cour ſont toutes des Sorcieres,
 Ou taſchent à le deuenir :
L'art y peut toutefois bien moins que la nature,
 Quand vne jeune creature
 Qui n'y fait pas tant de façon,
Sans tous ces affiquets, ſans fard, & ſans parure,
Ne laiſſe pourtant pas de charmer vn garçon,
 Elle eſt Sorciere toute pure,
 C'eſt ſa naifueté qui plaiſt,
 Plus on ſe graiſſe & moins on l'eſt.

X. Entrée.

X. ENTRÉE.

Six Loups-garoux qui vont au Sabat.

Mr Bontemps. les Srs Parque, Monglas, Grenerin, la Mare, & du Moutier.

DEmy Bergers & demy Loups
Nous sommes aux trouppeaux effroyables & doux
Qui ne nous sçauent recognoistre,
Et de l'air que nous nous changeons
D'vn costé nous les menons paistre,
Et de l'autre nous les mangeons.

XI. ENTRÉE.

Le fonds du Theatre s'ouure & monstre le Sabat, trois Curieux arriuent pour le voir, mais auant que d'aborder le lieu tout disparoist.

LE ROY.   les Srs Moliere & Beauchamp.

LE ROY *representant vn Curieux.*

IE voudrois tout sçauoir, je voudrois tout cognoistre,
Rien n'échappe à mes yeux,
Pour deuenir sçauant c'est le secret que d'estre
Et jeune & curieux.

M

Ie tasche à preuenir la longue experience,
Et ne rien épargner
A m'acquerir bien-tost la sublime science
De viure & de regner.

Mais certain petit Dieu que force monde adore,
Et que tout recognoist,
La curiosité ne m'a point pris encore
De sçauoir ce que c'est.

Si faut-il qu'à quelqu'vne à la fin ie m'informe
De ce Demon plaisant,
Sans m'y trop amuser, ce n'est que pour la forme,
Et qu'en chemin faisant.

On dit que c'est vn mal qui n'est point volontaire,
Vn ioug imperieux,
Et qui n'a de l'Amour effleuré le mystere
N'est pas fort curieux.

Et puis les passions seruiront à ma gloire,
I'en veux subir la Loy,
Pour leur oster apres l'empire & la victoire
Qu'elles auroient sur moy.

Ie sçauray triompher de ma personne & d'elles
Ainsi que d'ennemis,
Et me conter moy-mesme entre tous mes rebelles
Combatus & soumis.

Ie prétens signaler sur la Terre & sur l'Onde
Ma force & mon bon-heur,
Et i'iray fureter par tous les coins du monde
Pour trouuer de l'honneur.

Mais voir mon Peuple en paix, & que la guerre meure,
Et l'animosité,
Ce n'est rien qu'à cela que ie borne pour l'heure
Ma curiosité.

XII. ENTREE.

Vne Maison en feu, le Tocsin sonne, & l'on voit sortir Hommes demy nuds, & femmes écheuelées qui emportent leurs enfans, apres auoir tout jetté par les fenestres.

Mrs Ioyeux, Coquet, Courtois, & le Sr Lerambert.
L'aisné, *Singe*.   Cadet, *Chat*.

Dans le peril extresme on doit s'ayder vn peu,
Qui craint l'embrasement il faut qu'il s'en recule,
Et quelque grand qu'il soit personne ne se bruſle
Que ceux qui veulent bien demeurer dans le feu.

XIII. ENTRE'E.

Deux Larrons viennent auec seaux & crocs comme pour esteindre le feu, mais en effect pour voller, & sont surpris par les Archers du Guet qui les emmeinent prisonniers.

Mʳˢ Bontemps, & la Chesnaye, *Larrons*. Les Sʳˢ le Vacher, le petit le Comte, Iacquier, & Mongé, *Archers*.

Fin de la troisiesme Partie.

QVATRIESME

QVATRIESME PARTIE DV BALLET ROYAL DE LA NVICT.

Depuis trois Heures apres minuict, jusques à six que le Soleil se leue.

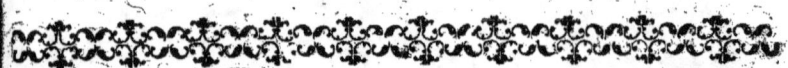

Le Sommeil & le Silence font le Recit, & puis se couchent à l'entrée de la Grotte d'où sortent les Songes.

RECIT.

Dialogue du Sommeil & du Silence.

LE SOMMEIL.

Qe j'estois en repos, & que je dormois bien.

LE SILENCE.

Et moy j'estois paisible, & je ne disois rien.

Tous deux ensemble.

Par quelle bizarre auanture,
Dont l'Vniuers doit estre émerueillé,
Vient-on troubler en nous l'ordre de la Nature?

LE SOMMEIL.

Qui vous a fait parler?

LE SILENCE.

Qui vous a réueillé?

LE SOMMEIL.

Le digne Nom du plus grand Roy du monde,
Tout jeune encore & déja tout parfait,
Qui deuient tel sur la Terre & sur l'Onde
Qu'on ne sçauroit dormir au bruit qu'il fait.

LE SILENCE.

Ce mesme Nom par vn effort extresme
Me fait sa gloire aux Astres égaler,
Et deuient tel que le Silence mesme
Ne sçauroit plus s'empescher d'en parler.

Tous deux ensemble.

Ioignons nos discours & nos veilles
Pour le publier hautement,
Et chantons dignement
De ce jeune LOVIS les naissantes merueilles.

PREMIERE ENTRÉE.

Les quatre Demons du Feu, de l'Air, de l'Eau, & de la Terre, qui représentent les quatre humeurs ou temperamens du corps humain; le Colerique, le Sanguin, le Flegmatique, & le Melancholique, d'où naissent les differens Songes.

Le Duc de Bukingham, les Srs du Fresnoy, S. Mory, & du Pron.

Le Duc de Bukingham, *representant le Feu*.

Dégelez-vous à ce grand feu,
Les Belles, & voyez un peu
Auec quelle grace il éclaire,
Il brusle à mesme temps qu'il luit,
Mais ce feu qui fait bien du bruit
N'en fait pas tant que feu son Pere.

C'estoit un feu de grand renom
Qui faisoit plus fort qu'un canon
Esclater la moindre fleurette,
Il ne pouuoit s'humilier,
Et ce n'estoit pas un brazier
A rechauffer quelque Soubrette.

Celuy-cy ne l'imite pas,
Mais il le prend d'un ton plus bas,
Sa flame est assez mesurée,
Il est sage, & nul ne sçait mieux
Qu'on peut atteindre aux autres Cieux,
Mais jamais au Ciel empirée.

II. ENTRÉE.

Le Songe du Colerique, representé par des Furieux qui luy apparoissent.

LE ROY. Le Duc de Ioyeuse, de Roquelaure, Mr Cabou, les Srs Moliere, & S. Fré, *Furieux*.

  LE ROY. *representant vn Furieux*.

SI tu crois que toûjours tes Palmes se maintiennent,
Espagnolle fierté, corrige ton erreur,
A ce jeune Lion déja les ongles viennent,
Et tu ne peux long-temps éuiter sa fureur.

  Il ne veut plus souffrir qu'entre ses mains on blesse
La iuste authorité qui tomboit en langueur,
Et tout ce que l'audace a pris à la foiblesse
Il faudra desormais le rendre à la vigueur.

  C'est trop desobeïr à ce terrible Maistre,
Il faut suiure sa Loy, malheur à qui l'enfraint,
Son indignation va donner à cognoistre
Qu'il fait bon estre aymé, mais qu'il faut estre craint.

  Exempt des passions dont l'empire est si large,
Il court, il saute, il danse, à toute heure en tous lieux;
Amour, qui l'épiez, il est de vostre charge
De prendre & de lier ce jeune furieux.

  Il meprise vos traits, il se rit de vos flames,
Et ne croit point qu'il faille à vous s'abandonner;
Que de rauage aussi parmy toutes les femmes
S'il arriue vne fois qu'il s'aille déchaisner.

            Le Duc

Le Duc de Ioyeuse, *representant vn Furieux*.

ADorable Beauté pour qui mon cœur soupire,
Quoy que vous puissiez tout, il seroit malaisé
Que vous peussiez trouuer en l'amoureux empire
Vn furieux plus composé.

Roquelaure, *representant vn Furieux*.

CHacun remarque ma furie
Iusques dans le ton de ma voix,
Ie suis furieux en explois
De guerre & de galanterie,
En dépense, en habits, en jeu,
Et je me mettrois dans le feu
Pour vn teint de lys & de roses :
Bref, j'ay la reputation
D'estre furieux en cent choses,
Mais sur tout en discretion.

III. ENTRÉE.

Le mesme Songe exprimé par des Aduanturiers Turcs & Chrestiens, qui combatent les vns contre les autres.

Le Grand Maistre de l'Artillerie, *Capitaine Turc.* le Marquis de Mirepoix, *Capitaine Chrestien.* Mr Bontemps, les Srs Monglas, le Breüil, le Comte, de Troye. *Chrestiens.* les Srs Des-airs, Verpré, Bruneau, le Vacher, *Turcs.*

Le Grand Maistre de l'Artillerie, *Turc.*

Qvoy que jeune & Galand, je sçay viure de sorte
Que je sers de modele à tous les gens de bien,
Et sous le Turban que je porte
J'ay les mœurs d'vn fort bon Chrestien.

Le Marquis de Mirepoix, *Auanturier.*

Ieune je cherche de l'employ,
Méprisant les choses obscures,
Et cours apres les Auantures,
Afin que l'on parle de moy.

IV. ENTRÉE.

Le Songe du Sanguin, figuré par la passion violente & ambitieuse d'Ixion, qui n'embrasse qu'vne nuë en pensant embrasser Iunon.

Le Marquis de Genlis, *Ixion.*
le Sr Varin, *Iunon.*

Le Marquis de Genlis, *representant Ixion.*

Que je vous plains, pauure Ixion,
Et vous & vostre intention,
L'Amant auecque la Maistresse
A trop peu de proportion,
Moderez l'ardeur qui vous presse;
Telles amours vont à vau-l'eau,
Sur tout quand la femme est Deesse,
Et lors que l'homme n'est pas beau.

Vostre amour & vostre langueur
Deuroient bien vous rendre vainqueur
De la beauté rude & sauuage
Qui vous refuse ainsi son cœur:
D'ailleurs l'equité juste & sage
Qui sçait rendre à chacun le sien,
Dés qu'elle a veu vostre visage,
Vous condamne à n'embrasser rien.

Sans vous rebuter de ses coups,
Soupirez, faites les yeux doux;
Qu'elle fuye, ou qu'elle s'enuole
Peut-estre l'attraperez vous:
Cependant qu'Amour vous console,
Et n'accusez que vos appas
De ce vent leger & friuole
Qui vous demeure entre les bras.

V. ENTRÉE.

Le Songe du Flegmatique, d'où vient la stupidité & la peur, exprimé par vn miserable, épouuanté de deux Ombres qui le suiuent par tout & qu'il ne peut éuiter.

Mr de Saintot, *Peureux*. Les Srs Laleu, & Iacquier, *Ombres*.

Mr de Saintot, *representant vn Peureux*.

Non, *ma frayeur n'est point vn crime,*
La crainte est souuent legitime,
L'homme le plus vaillant & le plus hazardeux,
Qui de ses parens morts voit les ombres plaintiues
 Qui luy paroissent comme viues,
N'en a t'il pas grand peur quand il herite d'eux?

VI. ENTRÉE.

VI. Entrée.

L'humeur Melancholique s'exprime en la personne d'vn Poëte & d'vn Philosophe, dont l'vn fait voir sa Maistresse telle que la represente le Berger extrauagant, & dont l'autre s'imagine la Metampsicose, figurée par vne femme qui change de forme.

Les S*rs* la Chappelle, & Parque, *Poëte, & Philosophe.*
M*r* Coquet, & du Fresnoy.
Femmes.

Pour du merite ailleurs il n'en faut point chercher,
De science & d'esprit cette trouppe est remplie,
Ie pense toutefois qu'à la bien éplucher
Il s'y pourroit trouuer quelque grain de folie.

VII. ENTRE'E.

Le mesme Songe est encore exprimé par des Amoureux transis, qui vont consulter l'Oracle sur le succes de leur passion, & ausquels respond vn écho qui se perd à mesure qu'ils s'esloignent de la Forest Dodonne.

Son Altesse Royale Monsieur le Duc d'York,
Le Duc de Buxingham, les Comtes de Viuonne,
& de Froulé, le Cheualier de Gramont,
Amoureux transis.

S. A. R. Monsieur le Duc d'York, *representant vn Amoureux transi.*

La gloire seule est ma Maistresse,
Elle me charme, elle me presse,
Ie rends à sa beauté des deuoirs assidus :
Déja mon ieune cœur paroist fier & terrible
Par dessus le débris horrible
Des Throsnes renuersez, & des Sceptres perdus.

Non, ie n'ayme que cette Belle,
Et ne suis transi que pour elle,
Ie veux faire des coups dignes d'elle & de moy,
Et sans que ma valeur coure apres des fantosmes,
Vanger les Rois, & les Royaumes,
Au restablissement d'vn Royaume & d'vn Roy.

Il faut punir ce grand outrage
Par la force & par le courage,
Et remettre sus pied nostre sort abbatu:
La reuolution est chose assez commune,
Et peut estre que la Fortune
Voudra donner reuanche à la pauure Vertu.

  Le Duc de Bukingham, *Amoureux transi.*

TAntost j'estois de feu, puis dans la mesme place
    Ie me trouue de glace,
Par là mes sentimens seront bien-tost trahis,
Ie n'ay point apporté ce froid de mon païs.

  Le Comte de Viuonne, *Amoureux transi.*

IL n'est point de Philis, il n'est point de Siluie
Qui m'ait causé iamais vne heure de soucy,
   Et ie n'ay bruslé de ma vie,
   Cependant me voila transi.

  Le Comte de Froulé, *Amoureux transi.*

IE croy qu'il n'en est point sous l'amoureux empire
Ny de plus retenu, ny de plus circonspect,
Et deuant la Beauté pour qui mon cœur soupire
Ie suis bruslé d'amour & transi de respect.

Le Cheualier de Gramont, *representant vn Amoureux transi.*

Ballade.

Fiers ennemis, autheurs de cent trespas,
Diuins regards qui lancez tant de traits,
Permettez-moy d'adorer vos appas
Quand ie deurois expirer sous ce faix,
Et que ie viue, ou que ie meure en paix :
 Las ! aussi bien peut-il m'arriuer pis
Que de vous voir à mes maux assoupis ?
Ie pousse en l'air d'inutiles sanglots,
D'autres que vous prendroient à cette glus ;
Mais vous laissez sans joye & sans repos
Vn Amoureux transi qui n'en peut plus.

 Pour vous ie perds & sommeil & repas,
Ceux qui sont morts ne sont pas plus défaits,
Ie suy par tout la trace de vos pas,
Pour mes Riuaux ils ne sont point mieux fai.
Ie ne sçay pas s'ils sont plus satisfaits.
 Je me ruine en galands, en habits,
I'ay deuant vous mille transports subits,
De longs soupirs entrecoupent mes mots,
Mais vous traitez mes soins de superflus,
Et dédaignez assez mal à propos
Vn Amoureux transi qui n'en peut plus.

Prûd'homme

Prûd'homme sçait si je ne me mets pas
Tout de mon mieux lors que chez vous je vais,
Et si depuis le haut iusques au bas
Ie ne prends soin de m'ajuster expres,
Sans oublier un seul de mes attraits.
 Mais i'ay beau perdre argent, bijoux, rubis,
Tout ce qu'enfin je fais, ou que je dis,
N'auance point mes amoureux complots,
Ie ne puis estre au nombre des Elûs,
Bien que je sois l'œil mourant, le cœur gros
Un Amoureux transi qui n'en peut plus.

ENVOY.

 Cruelle enfin apres tous mes dépits,
Ie vous pourrois mettre sur le tapis;
Ie suis Gascon d'un assez fameux los,
Et qui me sçay vanger quant au surplus,
N'allez donc pas ainsi vous mettre à dos
Un Amoureux transi qui n'en peut plus.

Icy les Songes finissent.

VIII. ENTRE'E.

Trois faux Monnoyeurs sortent d'vn Antre.

Le Comte du Lude, les Srs Verbec,
& Beauchamp.

Le Comte du Lude, *representant vn faux Monnoyeur.*

Soupirer, estre tout en feu
Pour le premier Objet qu'on voye,
Puis quelqu'autre arriuant recommencer ce jeu,
Si vous nommez cela de la fausse monnoye
Ie croy que je m'en mesle vn peu.

Mais ces soupirs sont des railleurs,
Les vrais suiuent vne autre voye,
Philis garde en effect mes thresors les meilleurs,
Et quoy que je trauaille à la fausse monnoye
C'est pour en débiter ailleurs.

Pour feindre vn transport obligeant,
Et faire en sorte qu'on le croye,
Est-ce vn crime en amour? il est de l'entregent
De faire vn peu passer de la fausse monnoye
Parmy beaucoup de bon argent.

Ne m'obseruez pas ric à ric,
Vous à qui mon cœur est en proye,
Je veux n'aymer que vous, i'en fais vn vœu public,
Vous aurez l'or tout pur, & ma fausse monnoye
Ne sera que pour le trafic.

IX. ENTRE'E.

Six Forgerons viennent battre sur l'Enclume, estant les Ouuriers qui trauaillent les premiers, & qui se leuent deuant le jour, aussi le voit-on qui commence à poindre à mesme temps qu'ils sortent.

Mʳ de la Chesnaye. Les Sʳˢ Lambert, du Moutier, le Vacher, de Lorge, & Des-airs, *Forgerons.*

IL faut secoüer la paresse,
Et faire icy des efforts inoüys
Pour trauailler aux armes de LOVIS,
C'est vne besongne qui presse:
Mais en son plus superbe atour
L'Aurore vient briller plus fort que de coûtume,
Nostre bruit la réueille, & frappant sur l'Enclume
Nous frappons les premiers à la porte du jour.

L'Estoille du point du jour accompagnée d'vne partie des Genies.

MONSIEVR Frere vnique du Roy, representant *l'Estoille du point du jour.*

Apres le grand Astre des Cieux
Ie suis l'Astre qui luis le mieux,
Il n'en est point qui me conteste,
Et mon éclat jeune & vermeil
Est beaucoup moins que le Soleil,
Et beaucoup plus que tout le reste.

 Ie suis Estoille simplement,
Et quoy que dans le firmament
Toute couuerte de lumiere
I'aille deuant le grand galop,
Mon destin ne m'apprend que trop
Que ie ne suis pas la premiere.

 Mais ie suis bien comme ie suis,
C'est assez pour moy si ie puis
Percer les barreaux & les grilles,
Et d'vn trait amoureux & fin
M'insinuër de grand matin
Dans la chambre où couchent les filles.

 Ie ne veux éclairer que là,
Ie quitte ma part pour cela
De l'vn & de l'autre Hemisphere,
Et que ie puisse tour à tour
Leur aller donner le bon-jour,
C'est mon employ, c'est mon affaire.

X. ENTR

X. ENTRÉE.

L'Aurore paroift dans fon Char enuironné des douze Heures du jour, & accompagnée du Crepufcule qui tient en fa main vne Vrne qui refpend la rofée : Mais elle fe retire apres auoir chanté voyant arriuer le Soleil fuiuy des Genies qui luy rendent hommage, & c'eft ce qui compofe le grand Ballet.

Recit de l'Avrore.

Epuis que i'ouure l'Orient
Iamais fi pompeufe & fi fiere,
Et iamais d'vn air fi riant
Ie n'ay brillé dans ma carriere
Ny precedé tant de lumiere.
Quels yeux en la voyant n'en feroient éblouys ?
Le Soleil qui me fuit c'eft le ieune LOVIS.

La trouppe des Aftres s'enfuit
Dés que ce grand Aftre s'auance,
Les foibles clartez de la Nuict
Qui triomphoient en fon abfence
N'ofent foûtenir fa prefence ;
Tous ces volages feux s'en vont éuanoüys,
Le Soleil qui me fuit c'eft le ieune LOVIS.

R

LE ROY,

representant le Soleil leuant.

Sur la cime des monts commençant d'éclairer
Ie commence déja de me faire admirer,
Et ne suis guere auant dans ma vaste carriere,
Ie vien rendre aux objets la forme, & la couleur,
Et qui ne voudroit pas auoüer ma lumiere
   Sentira ma chaleur.

Déja seul ie conduy mes cheuaux lumineux
Qui traisnent la splendeur & l'éclat apres eux,
Une diuine main m'en a remis les resnes,
Une grande Deesse a soûtenu mes drois,
Nous auons mesme gloire, elle est l'Astre des Reines
   Ie suis l'Astre des Rois.

En montant sur mon Char i'ay pris soin d'écarter
Beaucoup de Phaëtons qui vouloient y monter,
Dans ce hardy dessein leur ambition tremble,
Chacun d'eux recognoist qu'il en faut trébucher,
Et qu'on verse toûjours si l'on n'est tout ensemble
   Le Maistre, & le Cocher.

Ie cours apres l'honneur doux charme des vainqueurs,
Quoy que mon œil brillant donne à plomb dans les cœurs
Le mien pour les plaisirs est aussi froid que marbre;
Quant à la passion je ne sçay ce que c'est,
Et la belle Daphné me touche comme vn arbre
  Dont la feüille me plaist.

Ie n'ay que depuis peu roulé sur l'Horison,
Ie suis ieune, & possible est-ce aussi la raison
Qui m'exempte des maux que la beauté nous cause,
De là naist le repos dont mon ame joüyt :
Car enfin tout me void, j'éclaire toute chose,
  Et rien ne m'ébloüyt.

Sans doute j'appartiens au monde à qui ie sers,
Ie ne suis point à moy, je suis à l'Vniuers,
Ie luy dois les rayons qui couronnent ma teste,
C'est à moy de regler mon temps & mes saisons,
Et l'ordre ne veut pas que mon plaisir m'arreste
  Dans toutes mes Maisons.

Mon inclination m'attache à ce qu'il faut,
Et s'il plaist à celuy qui m'a placé si haut,
Quand i'auray dissipé les Ombres de la France,
Vers les climats loingtains ma clarté paroissant
Ira victorieuse au milieu de Byzance
  Effacer le Croissant.

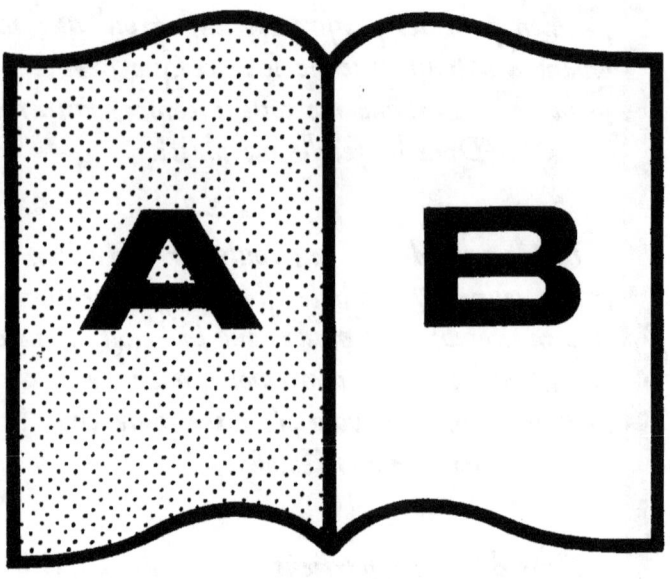

Contraste insuffisant

www.ingramcontent.com/pod-product-compliance
Lightning Source LLC
LaVergne TN
LVHW051455090426
835512LV00010B/2160